Kalt erwischt in Hamburg

Cordula Schurig

Kalt erwischt in Hamburg

Deutsch als Fremdsprache

Ernst Klett Sprachen
Stuttgart

Cordula Schurig

Kalt erwischt in Hamburg

1. Auflage 1 6 5 4 3 | 2012 11 10 09

Alle Drucke dieser Auflage können nebeneinander benutzt werden, sie sind untereinander unverändert. Die letzte Zahl bezeichnet das Jahr des Druckes.

www.klett.de
www.lektueren.com

Redaktion: Jutta Klumpp-Stempfle
Umschlaggestaltung: Elmar Feuerbach
Zeichnungen: Sepp Buchegger, Tübingen
Satz: Satzkasten Dollenbacher & Müller, Stuttgart
Druck: MedienHaus Plump GmbH, Rheinbreitbach

Printed in Germany

Tonregie und Schnitt: Ton in Ton Medienhaus, Stuttgart
Sprecherin: Regina Lebherz

ISBN 978-3-12-556031-4

9 783125 560314

Inhalt

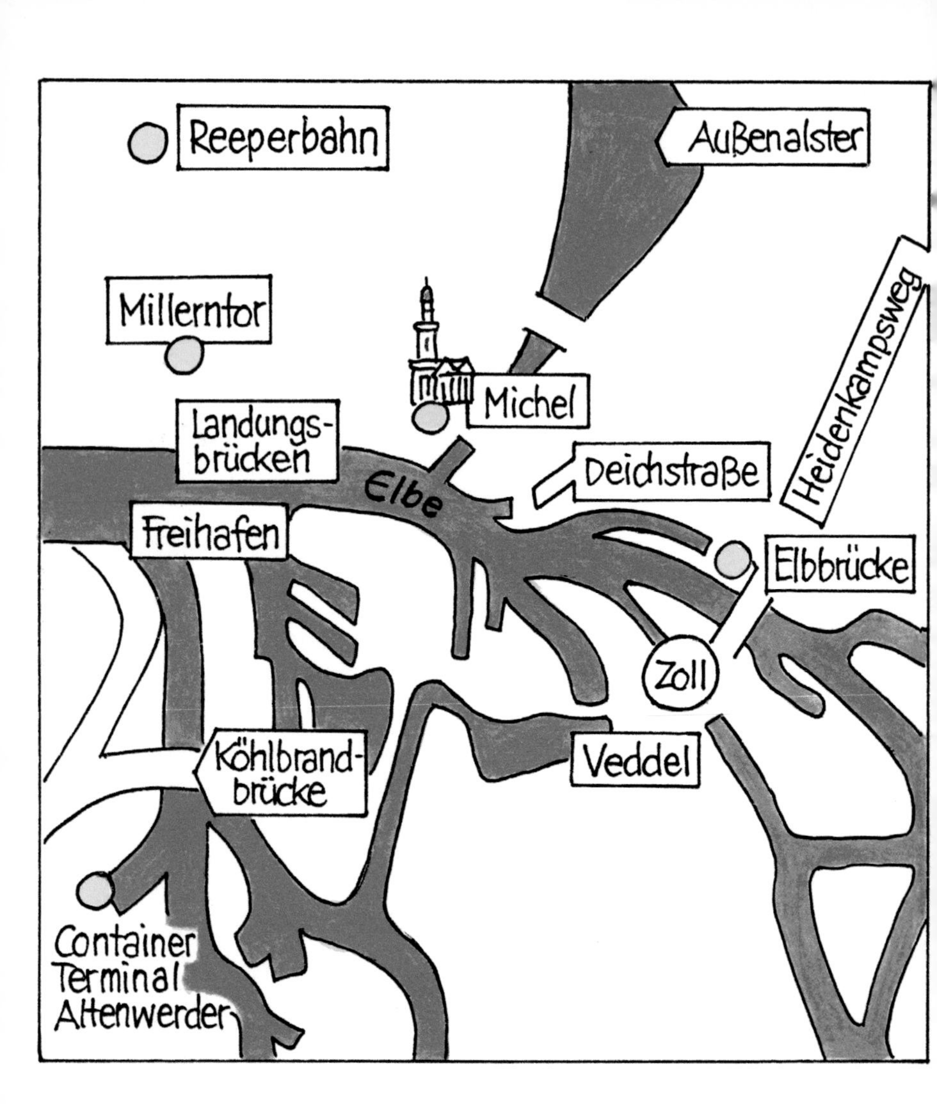
Reeperbahn
Außenalster
Millerntor
Heidenkampsweg
Michel
Landungs-
brücken
Elbe
Deichstraße
Freihafen
Elbbrücke
Zoll
Köhlbrand-
brücke
Veddel
Container
Terminal
Altenwerder

Personen

Klaas Hansen, 35 Jahre alt, Turmbläser der St. Michaeliskirche (Michel) und ein sehr guter Freund von Henrik Dirkheide. Er liebt seine Freundin Nele.

Henrik Dirkheide, 55 Jahre, Pastor der St. Michaeliskirche in Hamburg. Er liebt Trompetenmusik.

Nele Lühders, 30 Jahre, Kellnerin im ‚Goldenen Anker' auf der Hamburger Reeperbahn und die Freundin von Klaas Hansen.

Birgit Brandt, 37 Jahre, Journalistin, arbeitet für das Fernsehen des Norddeutschen Rundfunks (NDR).

Ole Wilken, 40 Jahre, Exfreund von Nele Lühders. Er arbeitet im Hamburger Hafen als Kranführer.

St. Michaeliskirche (Michel)

1

Es ist Samstagmorgen, kurz vor zehn. Klaas Hansen nimmt wie immer die Treppe zum Turm des *Michels*. Er geht alle 279 Stufen nach oben, wie jeden Tag. Seine Trompete trägt er auf dem Rücken. Er hat sie immer bei sich.

5 Oben auf dem Turm angekommen, sieht er den ganzen *Hamburger Hafen*. Es ist Herbst und überall sind Wolken, aber zum Glück regnet es heute nicht. Er sieht Wasser, Schiffe und viele Leute. Menschen und Schiffe, die kommen und gehen. Klaas ist noch nie mit einem

2 **die Stufe, -n** Teil der Treppe – 6 **der Hafen** Platz für Schiffe

Schiff gefahren. Er möchte gern reisen und die ganze Welt sehen. Aber er muss bleiben. Das ist sein Job.

Jetzt ist es zehn Uhr. Er packt seine Trompete aus. Er öffnet das Fenster nach Osten und spielt das erste Lied. Er weiß, viele Menschen am Hafen und um den *Michel* herum sehen jetzt nach oben. Aber sie sehen ihn nicht. Sie sehen nur seine Trompete.

Nach und nach öffnet er die anderen Fenster: nach Süden, nach Westen, nach Norden. Jedes Mal spielt er ein anderes Lied.

Nach dem letzten Lied schließt er die Fenster, packt seine Trompete ein und geht die Treppe hinunter. Er weiß, um 21 Uhr muss er wieder hier sein und spielen.

„Fast jeden Tag bin ich hier. Morgens und abends, immer das Gleiche. Mein Leben ist nur dieser Turm", spricht er leise vor sich hin. Er ist traurig.

Er weiß noch nicht, dass dieser Tag ganz anders wird.

2

Es ist schon dunkel. Die Uhr am *Michel* schlägt neunmal, es ist 21 Uhr. Henrik Dirkheide, der Pastor des *Michels,* sitzt in seinem Büro. Niemand ist mehr in der Kirche. Das erste Mal an diesem Tag ist es ruhig.

5 „Endlich Feierabend!“, denkt er.

Wie jeden Abend wartet er auf die Musik von Klaas. Jeder Tag beginnt für ihn mit Trompetenmusik und mit Musik hört jeder Tag auch wieder auf. Seit 25 Jahren. Das gefällt ihm sehr.

Nach diesem anstrengenden Tag freut er sich ganz besonders auf 10 die Musik. Danach will er endlich nach Hause. Dort muss er noch seine Predigt schreiben. Die Menschen wollen morgen früh in der Kirche seine Predigt hören.

Er zieht schon seinen Mantel an und holt seine Tasche. Er sieht auf die Uhr. Fünf nach neun. Nichts ... keine Musik. Acht Minuten nach 15 neun. Nichts ...

Zehn nach neun fährt er mit dem Aufzug auf den Turm. Klaas Hansen ist nicht zu sehen.

„Wo kann er nur sein?“, fragt er sich. „Er ist doch sonst immer pünktlich.“

20 Pastor Dirkheide geht die Treppe hinunter. Vor seinem Büro steht ein alter Mann. Er kennt ihn, er ist oft in der Kirche.

„Was ist denn passiert? Warum gibt es heute Abend keine Musik?“, will der alte Mann wissen.

„Es tut mir leid“, sagt der Pastor. „Der Trompeter ist ... hm ... krank.“

25 Der Pastor hofft, dass er nicht lügt.

„Ah, das ist schade. Ich höre die Musik immer so gern. Aber heute war ...“

„Es tut mir leid. Da kann man nichts machen. Wir sehen uns morgen früh. Sie kommen doch?“

30 „Ja, natürlich“, antwortet der alte Mann.

1 **schlagen** *hier:* Uhrzeit anzeigen – 2 **der Pastor** (= Pfarrer) Leiter einer christlichen Gemeinde – 5 **der Feierabend** Ende der Arbeitszeit – 9 **anstrengend** etwas kostet viel Kraft – 11 **die Predigt** Rede, die der Pastor (Pfarrer) in der Kirche hält

„Das freut mich! Bitte entschuldigen Sie mich jetzt. Ich habe noch zu tun." Der Pastor öffnet die Tür zu seinem Büro und geht schnell hinein.
„Warum ist Klaas nicht auf dem Turm? Was ist da passiert?", fragt
5 sich der Pastor.
Er zieht seinen Mantel wieder aus. Nach Hause gehen kann er jetzt noch nicht. Seine Predigt muss warten.

*

Pastor Dirkheide geht in seinem Büro zum Telefon und wählt die Nummer von Klaas. Es klingelt dreimal.
10 „Das ist der Anschluss von Klaas Hansen. Ich bin im Moment nicht zu erreichen. Bitte ..."
Der Pastor legt wieder auf. „Mist!"
Der Pastor läuft unruhig in seinem Büro herum. „Was ist nur passiert? Ist er wirklich krank? Warum ruft er nicht an?"
15 Er will es auf dem Handy von Klaas probieren ...
In diesem Moment klopft es an der Tür.
„Wer ist das denn schon wieder?", sagt er leise.
Laut sagt er: „Ja, bitte!"
„Pastor Dirkheide, entschuldigen Sie bitte! Ich möchte Sie nicht
20 stören, aber ich ... ich suche Klaas. Ist er vielleicht bei Ihnen?"

12 **auflegen** ein Telefonat beenden – 12 **Mist!** Schimpfwort, man findet etwas schlecht – 13 **unruhig** nervös

„Frau Lühders, guten Abend! Nein, Klaas ist nicht hier. Ich wollte gerade auf seinem Handy …“
„Was ist nur passiert? Ich warte schon den ganzen Abend auf Klaas.“ Nele Lühders weint fast.

5 Der Pastor hat sie schon oft gesehen.
„Aber was findet Klaas nur an ihr? Diese komische Kleidung … und dann ihr Job in dieser dunklen Kneipe auf der Reeperbahn. Sie passt nicht zu Klaas“, denkt er.

10 Aber er kann Nele Lühders nicht hier draußen stehen lassen.
„Jetzt kommen Sie erst einmal herein.“
„Danke!“, sagt Nele und geht ins Büro des Pastors.
15 „Klaas war heute Abend gar nicht hier. Er hat nicht Trompete …“
„Was, hier war er auch nicht? Oh, nein! Sie müssen wissen, Herr Pastor, wir waren heute Mittag zusammen. Dann ist er nach Hause gegangen. Aber heute
20 Abend ist er nicht zu mir gekommen.“
„Ich habe gedacht, dass Sie vielleicht wissen, wo …“, versucht es der Pastor.
Aber Nele hört nicht zu. Sie redet immer schneller.
„Normalerweise kommt er immer bei mir im ‚Goldenen Anker‘
25 vorbei, wenn er abends zum *Michel* geht. Wir essen dann zusammen zu Abend.
Aber heute war er nicht da. Und ich habe extra sein Lieblingsessen gemacht: Labskaus mit Matjes. Jetzt will ich ihn hier abholen, aber er …“
30 „Jetzt mal ganz ruhig, Frau Lühders! Setzen Sie sich bitte. Ich mache uns erstmal einen Tee. Der wird sie beruhigen.“

23 **reden** sprechen – 31 **beruhigen** ruhig werden

Labskaus mit Matjes

Der Pastor geht in die kleine Küche. Er macht sich große Sorgen um Klaas.
„Ist denn heute Mittag etwas passiert?", fragt der Pastor und gibt Nele Lühders eine Tasse Tee. „War er krank?"
„Hm ... nein, er war ganz normal." Nele wird rot. „Aber, aber ... wir haben uns gestritten. Es ging um meine Arbeit, wie immer. Er will nicht, dass ich die ganze Nacht in der Kneipe arbeite."
Nele sieht im Gesicht des Pastors, dass er auch dieser Meinung ist. Sie spricht schnell weiter.
„Klaas sagt, er hat Angst um mich. Aber mir macht die Arbeit Spaß. Ich will nicht kündigen. Heute Mittag war er böse auf mich und ist dann gegangen."
„Und jetzt sind Sie hier und wollen ihn abholen."
„Ja, genau. Ich will nicht mehr mit ihm streiten. Aber wo ist er?"

Der Pastor denkt nach. „Ist Klaas nicht hier, weil er sich mit Nele gestritten hat?“ Das kann er nicht glauben. Er kennt Klaas jetzt seit über fünf Jahren. Es passt nicht zu ihm, dass er nicht kommt. Er ist sehr zuverlässig.

5 „Denken wir mal nach … Ich habe bei ihm zu Hause angerufen. Da ist er nicht“, sagt Pastor Dirkheide.

„Und ich habe es schon auf seinem Handy probiert. Es ist aus. Vielleicht hatte er einen Unfall und kann nicht ans Telefon gehen? Wir müssen sofort alle Krankenhäuser anrufen!“ Nele Lühders ist

10 ganz aufgeregt.

„Eins nach dem anderen. Es muss nicht immer gleich das Schlimmste passiert sein“, sagt der Pastor. „Hatte er vielleicht einen wichtigen Termin?“

„Nein, er hat nichts gesagt.“

15 „Vielleicht ist jemand in seiner Familie krank geworden und er musste weg?“, überlegt der Pastor.

„Aber warum sagt er nicht Bescheid?“

„Das ist eine gute Frage …“ Mehr fällt dem Pastor nicht ein.

In diesem Moment klopft es an der Tür.

20 „Na, heute ist ja was los hier!“, meint der Pastor und öffnet.

1 **nachdenken** an etwas (z. B. ein Problem) denken – 4 **zuverlässig** eine Person tut, was sie sagt – 9 **das Krankenhaus, -häuser** Gebäude, in dem kranke Menschen liegen – 10 **aufgeregt** nervös – 16 **überlegen** über etwas nachdenken

3

Eine Frau steht vor der Tür des Büros. „Entschuldigen Sie bitte, Pastor Dirkheide. Ich bin zu spät … Ich habe angerufen, aber bei Ihnen war besetzt."
„Oh …, Frau Brandt. Bitte kommen Sie herein. Ich habe unser Gespräch heute ganz vergessen, tut mir leid."
„Kein Problem!" Birgit Brandt geht ins Büro. „Oh, Sie sind nicht allein!"
„Frau Brandt, das ist Frau Lühders. Sie ist die Freundin von Klaas. Sie kennen ihn ja. Frau Lühders, das ist Birgit Brandt vom NDR. Sie macht eine Reportage über den *Michel* und seinen Trompeter", erklärt der Pastor.
„Hallo, Frau Brandt! Ich habe schon von Ihnen und der Reportage gehört. Klaas hat mir davon erzählt." Nele versucht zu lächeln.
„Ich habe auch von Ihnen gehört", sagt die Reporterin und lächelt. Klaas hat ihr neulich von seiner neuen Freundin erzählt.
Als sie die Tränen von Nele und das besorgte Gesicht vom Pastor sieht, lächelt sie nicht mehr. „Was ist denn los?", fragt sie.
„Frau Brandt, es tut mir leid. Wir können das Interview heute nicht machen", sagt der Pastor. „Wir haben ein Problem. Es geht um Klaas."
„Was ist mit ihm?", will Birgit Brandt wissen.
„Er ist verschwunden!"
„Wie verschwunden?", fragt die Reporterin.
„Er war heute Abend nicht hier und hat nicht Trompete gespielt. Niemand weiß, wo er ist …!", erklärt Pastor Dirkheide.
„Das ist ja komisch … ich habe ihn doch heute Abend gesehen!"

*

12 **die Reportage** *hier:* Bericht für das Fernsehen – 14 **die Reporterin** (= Journalistin) macht Berichte für Zeitungen, Radio und Fernsehen – 14 **lächeln** mit den Lippen zeigen, dass man sich freut – 18 **das Interview** *(engl.)* Gespräch mit einem Journalisten – 21 **verschwunden** nicht da sein

„Was? Wo … wo haben Sie ihn gesehen?“ Nele steht auf.
„Ich habe Klaas vorhin auf der *Reeperbahn* gesehen. Ich hatte dort einen Termin. Klaas ist vom *Hamburger Berg* gekommen und ging an mir vorbei zum *Millerntor.*“

Hamburger Reeperbahn

„Wann war das?“, fragt der Pastor.
„Vielleicht so um sieben oder halb acht.“
„Dann war er gerade auf dem Weg zum ‚Goldenen Anker‘. Dann war er mir nicht mehr böse.“ Ganz kurz vergisst Nele ihre Sorgen und lächelt.
„Ich glaube, er war schon noch böse. Er hat nicht einmal ‚Hallo‘ zu mir gesagt … und wir kennen uns ja“, meint Birgit Brandt.
„Das ist seltsam“, findet Nele.
„Hat er Sie vielleicht nicht gesehen?“, fragt der Pastor.
„Doch. Er ist ja direkt an mir vorbeigegangen. Ich habe ‚Hallo‘ gesagt. Aber er hat nur komisch geguckt und nichts gesagt“, antwortet Birgit Brandt.

12 **seltsam** sonderbar, komisch – 15 **gucken** sehen, schauen

„Komisch geguckt?“, wiederholt Nele.
„Ja. Und ein Mann war bei ihm. Ein Typ ganz in Schwarz, schwarze Kleidung und schwarze Schuhe. Es war schon dunkel, aber er hatte eine Sonnenbrille auf. Seltsam, nicht wahr?!“
„Oh, nein!“ Nele wird blass. „Hatte der Mann blonde Haare und einen Bart?“
„Ja, genau! Und er hatte etwas im Gesicht. Ich glaube, das war ein Tattoo“, erinnert sich die Reporterin.
„Oh, nein ...!“ Nele Lühders wird noch blasser.

„Kennen Sie ihn?“, fragt Frau Brandt.
„Ich fürchte ja. Mein Exfreund Ole Wilken hat ein Tattoo im Gesicht und er trägt immer eine Sonnenbrille ... auch im Dunkeln.“
„Ihr Exfreund?“ Der Pastor sieht Nele fragend an.
„Ja, wir waren mal zusammen ... Ole und ich. Aber nicht lange. Ich habe mich vor einem halben Jahr von ihm getrennt.“

Birgit Brandt sieht wie unruhig Nele Lühders ist. „Keine Sorge, Frau Lühders, Ihr Exfreund wird Klaas doch nicht gleich umbringen.“
„Da bin ich mir nicht sicher“, sagt Nele ängstlich.

*

Nele läuft jetzt nervös im Büro des Pastors herum.
„Wir müssen sofort los. Ole ist zu allem fähig. Vor zwei Wochen war er im ‚Goldenen Anker‘ und Klaas war auch da. Ole hat geschrieen ... er liebt mich immer noch. Er glaubt, ist Klaas nicht mehr da ... liebe ich ihn wieder. Er ist total verrückt!“

2 **der Typ** *hier:* Mann mit besonderen Kennzeichen – 5 **blass** weiß im Gesicht – 11 **fürchten** Angst haben – 11 **der Exfreund** Partner, mit dem man nicht mehr zusammen ist – 19 **sich trennen** den Partner verlassen–21 **umbringen** töten – 24 **fähig sein zu** zu etwas in der Lage sein – 25 **schreien** sehr laut sprechen

„Wohin kann er mit Klaas gegangen sein?“, fragt der Pastor Nele. Er weiß jetzt, dass etwas passiert sein muss.
„Ich weiß es nicht … Moment mal! Frau Brandt, wohin ist Ole mit Klaas gegangen?“
5 „Zum *Millerntor*.“
„Ole wohnt dort in der Nähe. Vielleicht hat er Klaas in seine Wohnung gebracht?“ Nele nimmt ihre Jacke. Sie will sofort los.
„Ich komme mit!“, sagt der Pastor.
„Ich auch!“, meint Birgit Brandt.
10 Der Pastor schließt schnell die Tür zum Büro ab. Da klingelt Birgits Handy.
„Hallo Chef. Nein ich bin gerade im *Michel* … meine Reportage muss …! Jetzt noch? Wo …? Ja, ist gut. Ich fahre gleich los … Auf Wiederhören!“
15 „Es tut mir leid. Das war mein Chef. Ich muss noch arbeiten. Im *Container Terminal Altenwerder* gibt es Alarm. Ich muss dort hin.“
„In *Altenwerder*?“, fragt Nele Lühders ungläubig.
„Ja, genau!“
„Oh, nein …!“, ruft Nele aufgeregt.

16 **der Container**, - *(engl.)* großer Behälter zum Transport – 16 **das Terminal**, - *(engl.) hier:* Ort, an dem Container auf Schiffe geladen oder von Schiffen entladen werden *(siehe Seite 25)* – 16 **der Alarm** lautes Signal – 17 **ungläubig** man kann es nicht glauben

Deichstraße, Bürgerhäuser

4

Klaas Hansen sitzt in einem Auto, neben ihm der Fahrer. Er sieht aus dem Fenster. Er kann die *Landungsbrücken* sehen. Bei Nacht ist es dort besonders schön. Die Schiffe haben ihre Lichter an, und viele Menschen gehen auf der Promenade am Hafen spazieren.
Das Auto fährt weiter. Klaas sieht kurz die *Deichstraße* mit den schönen Hamburger Bürgerhäusern. Es ist eine der wenigen historischen Straßen.
Hier ist er schon oft mit Nele essen gegangen. Er liebt diesen Teil von Hamburg.

4 **die Promenade** breiter schöner Spazierweg – 6 **die Bürgerhäuser** *hier:* typische Häuser von früher

Aber dieses Mal ist nicht Nele bei ihm. Neben ihm sitzt Ole Wilken, ihr Exfreund. Sie haben sich schon einmal in Neles Kneipe gesehen. Klaas war sehr froh, als Ole wieder weg war.
Jetzt sitzt er neben Ole im Auto und seine Hände sind gefesselt. Seine Trompete liegt bei seinen Füßen.

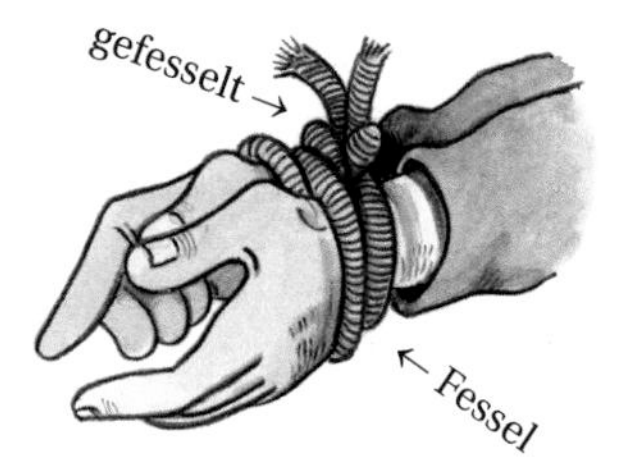

*

Heute Abend war Klaas auf dem Weg zum ‚Goldenen Anker'. Er wollte wie jeden Abend mit Nele zu Abend essen. Plötzlich war da Ole mit einem Messer und hat es ihm in den Rücken gehalten. Klaas musste die ganze *Reeperbahn* bis zum *Millerntor* laufen. Die ganze Zeit das Messer im Rücken. Er hat Birgit Brandt auch gesehen. Aber ‚Hallo' sagen konnte er nicht. Da war immer dieses Messer … Am *Millerntor* stand Oles Auto. Klaas musste einsteigen und Ole hat ihm die Hände gefesselt.

*

„Warum tust du das?", fragt Klaas. „Nele und du, ihr seid jetzt seit sechs Monaten nicht mehr zusammen. Sie liebt dich nicht mehr!"
„Halt's Maul!", sagt Ole nur.
„Glaubst du, sie kommt zu dir zurück? Glaubst du das wirklich?"
„Sie gehört mir. Und ich liebe sie immer noch. Bist du nicht mehr da, wird sie mich auch wieder lieben", meint Ole.
„Sie gehört dir? Du bist echt verrückt! Was hast du mit mir vor?"
„Haha!", lacht Ole. „In Hamburg gibt es viel Wasser. Es passiert schnell, dass jemand ins Wasser fällt. Vor allem in der Nacht. Man fällt in die Elbe und kommt nicht mehr heraus."
„Und du glaubst, dann kommt Nele zu dir zurück?"
„Halt's Maul, hab ich gesagt!"

19 **Halt's Maul!** Sei ruhig!

Klaas hat große Angst. Er ist ganz weiß im Gesicht und sein Herz schlägt ganz schnell. Er weiß, Ole ist zu allem fähig.
„Will er mich wirklich umbringen? Fahre ich das letzte Mal durch Hamburg? Was kann ich nur tun?", denkt Klaas panisch. „An der Ampel schnell aussteigen?"
Ole scheint seine Gedanken zu lesen. Es macht ‚Klick' und die Autotüren sind zu.
Jetzt kann Klaas nicht mehr raus.
Sie fahren durch den *Heidenkampsweg*. In den Büros hier ist kein Mensch mehr. Alles ist dunkel. Bald sind sie an der neuen *Elbbrücke*.
„Will er auf die Autobahn nach Hannover?", fragt sich Klaas. „Auf der Autobahn kann mir niemand helfen!"
Dann biegt Ole nach rechts ab. Sie sind auf der *Veddel*.
„Die Zollstation ist meine Chance", denkt Klaas. „Dort kann man meine gefesselten Hände sehen und ich schreie und klopfe ans Fenster …"
Klaas sieht ins Dunkel hinaus.

*

Klaas sieht schon die Zollstation. Aber Ole sieht sie auch. Er kennt sich hier sehr gut aus.
„Runter mit dem Kopf und mach keinen Quatsch!" Ole hat wieder sein Messer in der Hand. Klaas muss den Kopf nach unten nehmen. Sie fahren an der Zollstation vorbei. Niemand sieht ihn.
„So ein Mist!", denkt Klaas.
Ole nimmt das Messer weg. Klaas kann wieder aus dem Fenster sehen.
Sie fahren durch den *Freihafen*. Er sieht überall Schiffe, Maschinen und Kräne. Aber Menschen gibt es hier nicht.
Er weiß jetzt, wo Klaas hin will. Auf die *Köhlbrandbrücke*.
Normalerweise liebt er den Blick von dieser Brücke. Man kann den ganzen Hafen sehen.

4 **panisch** große Angst haben – 6 **der Gedanke, -n** Idee – 14 **abbiegen** die Richtung ändern – 15 **die Zollstation** dort muss man Steuern für Waren bezahlen, die man importiert oder exportiert – 15 **die Chance** Möglichkeit – 28 **der Kran, Kräne** Maschine zum Heben schwerer Gegenstände

„Aber abends im Hafengelände? Da kann mir niemand helfen. Was soll ich nur tun?", fragt sich Klaas.
Er denkt an seine Nele und wird traurig. „Und heute Mittag haben wir auch noch gestritten …! Vielleicht sehe ich Nele nie wieder?"
5 Plötzlich hält Ole Wilken auf der *Köhlbrandbrücke*. „Aussteigen!

Köhlbrandbrücke

Und nimm deine Trompete mit. Die will ich nicht im Auto haben. Vielleicht brauchst du sie ja in der Elbe … haha …!" Ole drückt Klaas die Trompete in die Hand. Klaas muss aussteigen.
Als Erstes sieht er ‚seinen' *Michel*. Er ist das Wahrzeichen von
10 Hamburg. Man kann ihn fast von überall sehen. Klaas kann es nicht glauben. Heute Morgen war er noch dort und hat Trompete gespielt. Aber heute Abend kann er nicht spielen …
Ole ist jetzt hinter ihm mit dem Messer in der Hand.
„Geh zum Geländer. Los, los!"
15 Klaas geht ganz langsam. Vom Geländer aus sieht er nach unten … viel Wasser. Hier ist die *Elbe* sehr tief und sehr schnell. Fällt man

9 **das Wahrzeichen** *hier:* typisches Symbol für die Stadt – 14 **das Geländer** *hier:* Schutz, damit man nicht in den Fluss fällt

hier hinein, kommt man nicht mehr heraus.
Er sieht sich um. Nirgends ein Mensch. Er sieht nach unten und hat große Angst. Er denkt an Nele. Sie macht sich sicher Sorgen. Warum haben sie sich nur gestritten? Es war so unwichtig. Und er denkt an den Pastor und an ‚seinen' *Michel*. Und an das Messer hinter ihm.
„Los klettere auf das Geländer!", ruft Ole ihm zu.
„Das kannst du doch nicht machen! Denk mal nach! Man sucht mich sicher bald und dann wissen sie, dass du es warst!" Klaas hat große Angst. Er muss alles versuchen. „Und dann bekommst du viele Probleme mit …"
„Mit wem? Mit der Polizei? Jetzt habe ich aber Angst!", sagt Ole und lacht.
„Los jetzt … auf das Geländer!"
Klaas weiß, Ole meint es wirklich ernst, todernst.
Klaas schaut noch einmal zu ‚seinem' *Michel* und klettert auf das Geländer.
In diesem Moment fährt ein Auto auf die Brücke. Ole dreht sich um. Klaas merkt, auch Ole hat Angst …

Klaas springt schnell vom Geländer. Er nimmt seine Trompete fest in beide Hände und schlägt sie Ole auf den Kopf … Ole fällt um.

Klaas läuft auf der Brücke so schnell er kann. Das ist nicht einfach, seine Hände sind noch gefesselt. Er läuft zum Geländer und findet eine scharfe Kante. Er reibt seine Fessel an der Kante, bis sie kaputt ist. Seine Hände sind frei. Er sieht kurz nach hinten. Ole steht gerade wieder auf und steigt in sein Auto ein.

8 **unwichtig** nicht wichtig – 10 **klettern** hinaufsteigen – 18 **todernst** sehr ernst, nicht zum Spaß – 23 **springen** *hier:* schnell von etwas heruntergehen – 24 **umfallen** nach unten (auf den Boden) fallen

„Gleich ist er bei mir!", denkt Klaas und wird noch schneller.
Zu Fuß hat er keine Chance gegen Oles Auto. Aber Klaas hat Glück.
Er findet einen kleinen Weg. Er ist für Autos zu schmal. Klaas biegt in den Weg ab. Er ist außer Puste und kann nicht mehr lange laufen.
5 Er hört, wie Ole hinter ihm aus dem Auto aussteigt. Klaas läuft noch schneller …

Er kommt an einer Kirche vorbei. Er läuft weiter und sieht Container und Kräne.

„Das ist der *Container Terminal Altenwerder*. Dort sind sicher
10 Menschen", denkt er. „Ich muss es schaffen!"

Er kommt dem *Container Terminal* immer näher. Da sieht er, dass überall Zäune sind. Er kann nicht auf das Gelände. „Und jetzt?"
Er läuft weiter auf dem Weg. Da … ein Loch im Zaun.

Er versucht, durch das Loch zu
15 klettern. Plötzlich hängt er mit seiner Jacke fest.
Er hört Ole schon hinter sich rufen: „Bleib stehen, ich kriege dich!"
Aber Klaas schafft es, er ist auf dem
20 Gelände … nur seine Jacke hat jetzt auch ein Loch.
„Ole ist dicker als ich. Er hat sicher mehr Probleme!" Klaas läuft schnell weiter.
Dann geht plötzlich der Alarm los.
„Super!", denkt Klaas. „Jetzt muss ich nur noch mit jemandem
25 sprechen und alles erklären."

Er läuft weiter auf das Gelände. Aber er sieht keine Menschen. Nirgends ein Mensch … nur Maschinen …
„Bleib endlich stehen!", ruft Ole.
Klaas sieht sich um … Ole ist fast schon bei ihm. Er sieht wieder
30 nach vorne. Aber zu spät. Der Weg ist nass, Klaas rutscht aus … und fällt. Das Letzte, was er sieht, ist seine Trompete … Ole hat sie plötzlich in der Hand und schlägt sie dieses Mal ihm auf den Kopf.

3 **schmal** eng – 4 **außer Puste sein** nicht mehr atmen können – 10 **schaffen** sein Ziel erreichen – 12 **das Gelände** Gebiet – 17 **rufen** laut sprechen – 24 **super** toll – 30 **ausrutschen** *hier:* hinfallen, weil es nass ist

Container Terminal Altenwerder

5

„Jetzt regnet es auch noch!“, schimpft Birgit Brandt. Sie steigt aus ihrem Auto aus. Hinter ihr sind Nele Lühders und Pastor Dirkheide. Schnell laufen alle drei zum Eingang des *Container Terminals Altenwerder*.

„Und Sie meinen, Klaas ist wirklich hier?“, fragt der Pastor Nele. Er ist nicht sicher.

„Wenn ich es Ihnen doch sage. Ole arbeitet hier in einem der Kräne. Sie müssen beide hier sein“, antwortet Nele.

1 **schimpfen** sich über etwas ärgern und es (laut) sagen

„Versuchen wir es!“, sagt Birgit Brandt.
Sie gehen zum Eingang des Terminals. Dort steht ein Polizist, Frau Brandt spricht mit ihm: „Entschuldigung. Ich bin vom NDR und brauche Informationen. Was ist hier eigentlich passiert?“
5 „Moin! Dat wet ick ook nich. Twee Mannslüd sünd ringeloopt ...“
Birgit Brandt versteht den Polizisten. Ihr Vater spricht auch manchmal Plattdeutsch mir ihr.

„Zwei Männer, das passt“, sagt Birgit zu Nele und dem Pastor.
„Wir müssen hier rein.“ Frau Brandt zeigt dem Polizisten ihren
10 Presseausweis.
Der Polizist sieht sich ihr Foto auf dem Ausweis genau an. Er lässt Birgit Brandt auf das Gelände und zeigt auf einen anderen Mann in Uniform. „Snacken Se mit den Uhln dor.“
Nele Lühders und Pastor Dirkheide wollen mit ihr gehen.
15 „Stopp! Ehr'n Popperen, bede!“ Der Polizist hebt eine Hand.

„Hm ... wir gehören zu ihr. Wir machen die Fotos“, sagt Nele schnell. Der Pastor sieht Nele ganz komisch an. Er will nicht lügen.
20 „Ick bruk een Dokument ...!“, sagt der Polizist.
„Bitte, Sie verstehen nicht. Wir müssen ... mein Freund ... ist verschwunden ... mein Exfreund. Er ist gefährlich ...“ Nele redet zu schnell.
25 „Nix to maken ... ick bruk een Dokument!“
Auch der Pastor versucht es noch einmal. Aber sie dürfen nicht auf das Gelände.
„Ich rufe sofort an, wenn ich Klaas sehe!“, sagt Birgit Brandt noch.

2 **der Polizist** arbeitet bei der Polizei – 5 **Moin!** *plattdeutsch (spricht man im Norden Deutschlands) für* Guten Tag! – 5 **Dat wet ick ook nich.** *plattdt. f.* Das weiß ich auch nicht. – 5 **twee Mannslüd** *plattdt. f.* zwei Männer – 5 **sünd ringeloopt** *plattdt. f.* sind hineingelaufen – 10 **der Presseausweis** ein Ausweis für Journalisten – 13 **snacken Se** *plattdt. f.* sprechen Sie – 13 **mit den Uhln dor** *plattdt. f.* mit dem Polizisten dort – 15 **Ehr'n Popperen, bede!** *plattdt. f.* Ihre Papiere, bitte! – 25 **nix to maken** *plattdt. f.* nichts zu machen, es ist nicht möglich – 25 **ick bruk** *plattdt. f.* ich brauche – 25 **een** *plattdt. f.* ein

„Seien Sie vorsichtig!", sagt der Pastor.
„Ole ist gefährlich", ruft Nele. „Bitte, bitte finden Sie Klaas. Ohne ihn kann ich nicht mehr …" Sie weint.
„Keine Sorge, wir finden ihn", sagt Birgit Brandt. Dann läuft sie auf 5 das Gelände zu dem anderen Polizisten.
Der Pastor legt einen Arm um Nele. Er versucht sie zu beruhigen.
„Kommen Sie, wir gehen ein bisschen spazieren!"

*

Nele Lühders und Pastor Dirkheide gehen auf einem schmalen Weg außerhalb von dem *Container Terminal*.
10 Nele ist wieder ruhiger. „Ich frage mich", beginnt sie, „warum Ole hierher kommt?"
„Sie haben doch gesagt, er kennt den Hafen sehr gut", antwortet der Pastor. „Und weiß, wo man …" Er spricht nicht weiter.
„Ja, aber er kann hier nicht einfach so hereinspazieren mit Klaas.
15 Das haben wir doch eben selbst gesehen. Warum kommt Ole nur hierher …?"
„Ich weiß es nicht", antwortet Pastor Dirkheide.
„Vielleicht sind sie gar nicht hier?" Nele ist jetzt ganz unsicher.
„Aber der Alarm?", fragt der Pastor.
20 „Das waren vielleicht andere. Vielleicht suchen wir an der falschen Stelle? Sind sie vielleicht doch in Oles Wohnung oder …?
Sie können überall sein. Was sollen wir nur tun?" Nele weint jetzt wieder.
Plötzlich sehen die beiden einen Schatten. Er
25 scheint von dem Gelände zu kommen.

Aber es ist kein Schatten … Es ist ein Mann ganz in Schwarz. Er läuft schnell …
„Ole!", ruft Nele plötzlich und läuft zu ihm. „Du bist das Letzte! Wo ist Klaas? Was hast du mit
30 ihm gemacht?"

18 **unsicher** nicht sicher

Der Mann in Schwarz erschrickt kurz. Dann sieht er, es ist Nele und fängt an zu lachen.
„Du suchst hier wohl deinen Schatzi, was? Tut mir leid. Du bist zu spät. Der ist ... der ist längst bei den Fischen."
5 „Was hast du mit ihm gemacht? Sag es mir sofort!", schreit Nele.
Aber Ole hört ihr nicht zu. „Jetzt gibt es nur noch uns beide. Wir können für immer zusammen sein."
„Bist du total verrückt? Verstehst du es nicht? Ich habe mich von dir getrennt ... und ich hasse dich!"
10 „Du hasst mich? Das glaube ich nicht ... Dieser Trompeter war nichts für dich! Komm her zu mir. Lass dich umarmen." Ole kommt Nele sehr nah.
„Lass mich in Ruhe!" Sie geht einen Schritt zurück. „WO IST KLAAS? Sag es mir sofort!"
15 Aber Ole antwortet nicht. Er ist jetzt bei ihr und will sie umarmen.
In diesem Moment tritt der Pastor aus dem Dunkeln. „Lassen Sie Frau Lühders in Ruhe!"
„Oh, wer sind Sie denn?", fragt Ole. Dann guckt er Nele an. „Hast du noch einen neuen Freund? Ist ein bisschen zu alt für dich, oder?"
20 Ole hat plötzlich wieder sein Messer in der Hand und geht auf den Pastor zu.
„Halt's Maul, Alter! Was interessiert dich meine Freundin?"
Ole hebt seinen Arm ... das Messer ...
„Urgh!", hört man plötzlich von Ole. Dann fällt er um und bleibt
25 liegen.

Nele hat Ole einen kräftigen Tritt gegeben.

„Nicht schlecht ... vielen Dank!", sagt der Pastor dankbar. „Ich hatte
30 wirklich große Angst."
„Kein Problem! In der Kneipe habe ich oft mit komischen Typen zu tun. Da habe ich mal einen Kurs zur Selbstverteidigung gemacht."
„Das ist toll! Ich danke Ihnen sehr, Nele!"

1 **erschrickt** → **erschrecken** Angst bekommen – 3 **Schatzi** Liebster – 9 **hassen** Gegenteil von lieben – 15 **umarmen** die Arme um jemanden legen – 29 **dankbar** mit Dank – 32 **die Selbstverteidigung** Technik, um sich zu schützen

„Jetzt müssen wir ihn schnell fesseln und der Polizei übergeben. Schnell, schnell … Er darf nicht wieder aufstehen!“, meint Nele. Sie ist sehr nervös.
Schnell fesseln sie Oles Arme mit seiner Jacke und tragen ihn zum
5 Eingang vom *Container Terminal*.
„Das Problem ist nur, wir wissen immer noch nicht, wo Klaas ist!“, sagt Nele auf dem Weg.

*

„Was hat Ole denn gesagt? Wo ist Klaas?“, fragt der Pastor. Er hat es vorher nicht gehört.
10 „Hm … bei den Fischen“, wiederholt Nele leise Oles Worte und denkt nach.
„Er muss also im Wasser sein“, sagt sie dann zum Pastor.
Nele und der Pastor sind jetzt kurz vor dem Eingang. Sie können Ole kaum noch tragen.
15 „Im Wasser … bei der Kälte und der Strömung“, sagt der Pastor traurig. „Das kann nicht gut gehen.“
„Wir müssen sofort etwas tun. Schneller, schneller!“, ruft Nele.
Am Eingang steht immer noch der gleiche Polizist.
„Se warn doch al da! Un ick hev sacht, ahn Dokument nix to maken.“
20 „Ja, ja. Aber das ist sicher interessant für Sie. Wir haben hier einen der Männer … er war illegal auf dem Gelände“, erzählt Nele stolz.
„Ah, wedder een von Ehr'n Mannslüd!“
Nele ärgert sich über den Polizisten. „Nein!
Er wollte flüchten und wir haben ihn gefangen!“
25 „Allns klar! Se könn ehn hier laten. Weeten Se, wie er heißen tut?“
„Ole Wilken“, sagt Nele.
Der Polizist nimmt sein Funkgerät in die Hand und gibt den Namen durch.
30 „Hm und jetzt?“, fragt Nele.

15 **die Strömung** Fließen des Wassers – 19 **Se warn doch al da!** *plattdt. f.* Sie waren doch schon mal da! – 19 **un ick hev sacht** *plattdt. f.* und ich habe gesagt – 19 **ahn** *plattdt. f.* ohne – 21 **illegal** per Gesetz verboten – 21 **stolz sein** sich über eine Leistung/einen Erfolg freuen – 22 **wedder** *plattdt. f.* wieder – 24 **flüchten** weglaufen – 25 **allns** *plattdt. f.* alles – 25 **Se könn ehn hier laten.** *plattdt. f.* Sie können ihn hier lassen. – 25 **weeten Se** *plattdt. f.* wissen Sie

„Wi mut teuvn, bis min Kolleeg uns vertellen tut."
„Verstehen Sie denn nicht? Dieser Mann hier ist ein Verbrecher. Er hat meinen Freund Klaas entführt. Wir müssen auf das Gelände. Wir brauchen Taucher und einen Arzt. Vielleicht ist mein Freund
5 schon tot!"
„Nu ma sutje! Wi teuvn, wat min Kolleeg to seggen hett."
Er hört seinen Kollegen über das Funkgerät.
„Hm, hm. Allns klar. Hevt jüm een Mann int Water sehn? Hm … hm. Schöndank."
10 Der Polizist schaut Nele und den Pastor an.
„Also, desen Mann", er zeigt auf Ole, „arbeidet hier. He war also gar nich illegal op'm Gelände. Et givt ook keenen Mann int Water …!"
„Ja, ich weiß, dass er hier arbeitet. Aber er ist gefährlich. Ich …", ruft Nele aufgeregt.
15 Der Pastor hat von dem Polizisten genug.
„Lassen Sie uns einen … anderen Weg finden", sagt der Pastor ganz leise zu Nele. Sein Kopf zeigt dabei ins Dunkle. Nele versteht.

*

„Hilft uns die Polizei nicht, dann müssen wir uns selbst helfen", sagt der Pastor.
20 Er geht mit Nele Lühders den Weg zurück. Hier haben sie Ole getroffen. Sie sehen sich den Zaun jetzt genau an.
„Hier … hier durch dieses Loch … ist Ole sicher durch den Zaun geklettert!", meint Nele.
Sie klettert gleich durch das Loch … ohne Probleme. Der Pastor ist
25 dicker als sie. Sie muss ihm helfen. Endlich schaffen sie es und sind beide auf dem Gelände.
Niemand sieht sie in dem Chaos. Auf dem Terminal gibt es Tausend, nein mehrere Tausend Container.

1 **wi mut teuvn** *plattdt. f.* wir müssen warten – 1 **min Kolleeg** *plattdt. f.* mein Kollege – 1 **vertellen tut** *hier: plattdt. f.* Bescheid sagt – 2 **der Verbrecher** Mann, der kriminelle Handlungen begeht – 3 **entführen** kidnappen – 4 **der Taucher** Mann, der unter Wasser schwimmt – 6 **Nu ma sutje!** *plattdt. f.* Nun mal langsam! – 6 **wat** *plattdt. f.* was – 6 **to seggen hett** *plattdt. f.* zu sagen hat – 7 **das Funkgerät** Gerät, das per Funk Nachrichten sendet – 8 **Hevt jüm een Mann int Water sehn?** *plattdt. f.* Habt ihr einen Mann im Wasser gesehen? – 9 **Schöndank** *plattdt. f.* vielen Dank – 11 **desen** *plattdt. f.* dieser – 11 **he** *plattdt. f.* er – 12 **op'm** *plattdt. f.* auf dem – 12 **et givt ook keenen** *plattdt. f.* es gibt auch keinen – 17 **zeigen** *hier:* in eine Richtung deuten – 27 **das Chaos** Durcheinander

Der Pastor und Nele laufen zum Wasser. Sie müssen vorsichtig sein, denn überall sind jetzt Polizisten.
Plötzlich sehen sie Birgit Brandt. Sie sieht sie auch und kommt zu ihnen.
5 „Wie haben Sie das geschafft? Der Polizist lässt doch niemanden rein!"
„Wir haben neue Wege gefunden", sagt der Pastor und lächelt.
„Gibt es etwas Neues?", fragt Nele schnell. „Haben Sie Klaas gefunden?"
10 „Nein, leider nicht", antwortet Frau Brandt.
„Waren Sie auch schon am Wasser?", will Nele wissen.
„Am Wasser? Nein, ich habe mit den Leuten hier auf dem Gelände gesprochen und bei den Containern gesucht. Von Klaas ist nichts zu sehen!", sagt Birgit Brandt.
15 „Wir haben Ole gefunden. Er ist uns über den Weg gelaufen", erzählt der Pastor.
„Ja, er wollte flüchten. Aber das hat er nicht geschafft!" Nele ist immer noch ganz stolz.
„Ja, und Frau Lühders hat mir mit einem Tritt das Leben gerettet."
20 Der Pastor schaut Nele dankbar an.
„Jetzt aber los! Wir müssen zum Wasser!", ruft Nele und ist schon auf dem Weg.
Birgit Brandt und der Pastor laufen schnell hinterher.
„Ole hat gesagt, dass Klaas im Wasser ist", erklärt Nele Frau Brandt.
25 Alle drei schauen ins Wasser. Aber es ist dunkel und sie können leider nicht viel sehen. Es ist windig und sicher ist das Wasser auch sehr kalt.
„Wir brauchen Licht! Und Taucher …!", ruft Nele. Sie ist kurz davor, selbst ins Wasser zu springen.
30 „Ich spreche mit den Polizisten. Vielleicht können sie uns helfen", sagt Birgit Brandt und läuft wieder los.
„Vielleicht ist Klaas auch schon tot", sagt Nele zum Pastor. Sie ist sehr traurig.

19 **das Leben retten** *hier:* vor Verletzung/Tod schützen – 26 **windig** es gibt viel Wind

6

„Au …, aua …!“, sagt Klaas Hansen als Erstes. Er macht seine Augen auf. Es ist dunkel, er kann nichts sehen. Sein Kopf tut weh. Er versucht aufzustehen. Langsam erinnert er sich, was passiert ist.
„Ole … die Trompete auf meinem Kopf …“
Ihm ist sehr kalt, er friert.
„Wo bin ich?“, fragt er sich. Er macht langsam erste Schritte.

„Au!“ Da ist etwas …. eine Kiste. Er geht nach links. Dort sind noch mehr Kisten.
„Au … au!“

Er geht weiter nach links … da ist eine Wand. Er klopft. Sie ist aus Metall. Und es riecht komisch hier. Es riecht nach Fisch.
„Hilfe, Hilfe …“, schreit er laut und klopft immer wieder gegen die Wand. Er wartet … niemand hört ihn. Er ist gefangen in einem Kühlcontainer.
Heute Morgen hat er noch an die weite Welt gedacht. Schiffe und Menschen. Auch er will reisen. Aber er hat nicht an einen Container gedacht.
Ihm ist kalt, sehr kalt. Er klopft wieder. Er zieht seine Jacke eng um sich. Er muss sich warm halten.
„Warum habe ich nicht auf Nele gehört und meine dicke Jacke angezogen?“, denkt er. „Ach Nele, wo bist du jetzt? Es tut mir so leid, dass wir Streit hatten!“
Er muss sich setzen. Der ganze Tag war so anstrengend. Die Flucht, dann die Trompete auf seinem Kopf und jetzt … gefangen in einem Kühlschrank.
„Wie lange kann ich das noch aushalten?“, fragt sich Klaas müde. Er weint fast.

1 **au(a)** sagt man, wenn man Schmerzen hat – 12 **riechen** mit der Nase wahrnehmen – 15 **der Kühlcontainer** hält die Waren frisch, wie ein Kühlschrank

7

Nele Lühders und der Pastor sehen noch immer auf das Wasser. Sie warten auf Birgit Brandt und ein Licht und …
Der Pastor sieht nachdenklich aus.
„Sagen Sie, was hat Ole denn genau gesagt?“, fragt er Nele.
„Hm … Klaas ist bei den Fischen.“
„Also hat er gar nichts von Wasser gesagt?“
„Nein … Sie meinen …“ Nele überlegt.
„Genau, vielleicht suchen wir an einer ganz falschen Stelle“, sagt der Pastor.
„Sie meinen, er ist nicht im Wasser? Und er lebt vielleicht noch?“, fragt Nele ganz aufgeregt.
Plötzlich kommen zwei Polizisten. Nele und der Pastor verstecken sich zwischen zwei Containern.
„Aber wo ist er dann?“, fragt Nele ganz leise den Pastor.
„Ganz klar. Er ist in einem Container. In einem Container mit … Fischen.“
Die Polizisten gehen an ihnen vorbei. Sie sehen die beiden nicht, aber sie bleiben stehen.
„Psst, nicht so laut!“, flüstert Nele. „Sie dürfen uns nicht hören.“
„Das Problem ist nur“, spricht Nele leise weiter, „hier stehen Tausende Container. Wo sollen wir anfangen?“
„Hm. Wir müssen wissen, in welchem Container Fisch ist“, meint der Pastor.
Zum Glück gehen die Polizisten weiter.
Nele und der Pastor kommen wieder aus ihrem Versteck.
„Wir müssen sofort Frau Brandt anrufen! Vielleicht kann sie uns helfen. Sie kann mit den Personen in der Zollstation sprechen. Die wissen, in welchem Container Fisch ist“, sagt der Pastor und wählt Birgit Brandts Telefonnummer auf seinem Handy.

3 **nachdenklich** man denkt über etwas nach – 12 **sich verstecken** an einen Ort gehen, wo man nicht gesehen wird – 19 **flüstern** sehr leise sprechen

Aber er hört nur: „Der Teilnehmer ist im Moment nicht zu erreichen. Bitte …“
„Mist! Warum gibt es eigentlich diese Handys? Sie sind immer leer oder niemand geht ran“, ärgert sich der Pastor.
5 Nele läuft plötzlich los. „Schnell, Herr Pastor. Ich weiß, wie wir Klaas finden können.“

*

Der Pastor läuft hinterher, er kommt aus der Puste. Plötzlich bleibt Nele stehen und zeigt auf einige Container.
„Hier muss Klaas irgendwo sein.“
10 Der Pastor schaut Nele fragend an. Dann sieht er sich einen Container genauer an. Er liest fremde Buchstaben.
„Ist das vielleicht Chinesisch?“, fragt er Nele. „Können Sie das auch?“

1 **der Teilnehmer** die Person, die man anruft – 1 **erreichen** *hier:* da sein – 4 **ran gehen** *hier:* ans Telefon gehen

Sie muss fast lachen. „Nein, Herr Pastor, aber hier ist ein Symbol für einen Kühlschrank und das ist international."
Erst jetzt sieht der Pastor den blauen Stern. „Na klar!" Zum Glück gibt es nur wenige Container mit diesem Symbol.

Nele rüttelt an der Tür von einem Container. Sie ist zu. Nele geht schnell weiter zum nächsten Container.
Das Handy vom Pastor klingelt.
„Sie haben versucht, mich zu erreichen?" Das ist Birgit Brandt.
„Ja, Frau Brandt. Wir brauchen kein Licht und ... Wir brauchen jemanden, der die Container aufmachen kann. Ja! ... Wir wissen jetzt, wo er ist. Nein, nicht im Wasser ... in einem Container. Ja, genau! Danke!"
„Birgit Brandt hilft uns. Sie spricht mit den Leuten vom Zoll und mit den Polizisten", erklärt der Pastor Nele.
„Sie muss sich beeilen!" Nele macht sich große Sorgen um Klaas.

Klaas friert in dem Container … es ist sehr, sehr kalt. Er ist müde. Seine Augen sind zu.
„Nein, ich darf jetzt nicht schlafen", sagt er zu sich selbst. „Ich muss wach bleiben!"
5 Er will aufstehen. Aber er schafft es nicht mehr. Er fällt zurück und bleibt liegen.

9

Birgit Brandt läuft zu Nele und dem Pastor. Ein Polizist ist bei ihr. „Sie haben also die zwei Männer gefunden?“, fragt er die beiden. „Hm … ja, also einen haben wir schon gefunden. Der zweite Mann ist in einem der Kühlcontainer … mit Fischen“, erklärt Nele.
„Woher wissen Sie das?“, fragt der Polizist.
„Ach, das ist eine lange Geschichte … Die erzähle ich Ihnen später. Jetzt geht es um Leben und Tod! Bitte öffnen Sie schnell die Container!“, sagt Nele aufgeregt.
Der Polizist guckt Nele und den Pastor ganz genau an. Dann holt er ein Werkzeug aus seiner Tasche und öffnet den ersten Container. Nele steht neben ihm und macht schnell die Tür auf. Sie sieht in den Container. Alles ist dunkel. Aber zum Glück hat der Mann eine Taschenlampe. Er hält sie in den Container. Aber dort sind keine Kisten mit Fischen. Und kein Klaas.
Er geht weiter. Da sind noch mindestens zwanzig Kühlcontainer …
„Das dauert zu lange! Das muss schneller gehen!“, ruft Nele und läuft zwischen die Container.
„Klaas, Klaas, hörst du mich?“ Sie ruft seinen Namen immer wieder und läuft weiter.

Plötzlich hält sie an. Ein Container ist anders. Die Plombe ist kaputt.
„Hier muss Klaas sein! Schnell kommen Sie!“, ruft Nele den Polizisten herbei.

13 **die Taschenlampe** kleine Lampe, passt in eine Tasche

10

„Hier! Ich glaube, die gehört Ihnen!", sagt der Polizist und gibt Klaas seine Trompete. „Wir
5 haben sie auf dem Gelände in *Altenwerder* gefunden."
Klaas nimmt die Trompete.
„Sie hat ein paar Beulen … genau wie ich", sagt er und
10 versucht zu lächeln.

Der Polizist steht an seinem Bett im Krankenhaus. Neben ihm sitzt Nele. Pastor Dirkheide und Birgit Brandt sind auch da.
Nele sieht Klaas an. Sie hält seine Hand. „Ich bin so froh. Jetzt ist alles gut. Bald bist du wieder gesund."
15 Klaas kann sich nicht erinnern, wie er ins Krankenhaus gekommen ist. „Was ist passiert?", fragt er.
Sein Kopf tut immer noch weh … und seine Beine und Arme auch. Und er ist so müde.
„Du warst in einem Kühlcontainer. Und das ganz schön lange.
20 Dann haben wir dich endlich gefunden. Du warst ohnmächtig. Der Krankenwagen war zum Glück schnell da und hat dich gestern Nacht hierher gebracht", erklärt ihm Nele.
„Und was ist mit Ole?", fragt er.
„Nach einem Tritt von deiner Freundin ist er umgefallen. Das
25 hat Nele toll gemacht! Und jetzt ist er im Gefängnis", erzählt der Pastor.
Klaas freut sich. Pastor Dirkheide und Nele sind Freunde geworden. Früher war das nicht so.

20 **ohnmächtig** bewusstlos – 21 **der Krankenwagen** spezielles Auto für den Transport von Kranken und Verletzten ins Krankenhaus – 25 **das Gefängnis** Ort, wo Kriminelle eingesperrt sind

„Ich bin so froh, dass ich wieder bei dir bin", sagt Klaas und sieht Nele liebevoll an.
„Ja, und zum Glück haben wir uns nicht im Streit das letzte Mal gesehen", antwortet Nele.
„Also, Klaas, jetzt erzähl doch mal, wie alles passiert ist", bittet der Pastor.
„Hm …", überlegt Klaas. „Alles begann damit, dass ich auf dem Weg zum *Michel* …"
Plötzlich nimmt er seine Trompete in die Hand und will aufstehen.
„Welcher Tag ist heute? Ich muss doch Trompete spielen. Wie spät ist es?"
Nele Lühders, der Pastor und Birgit Brandt müssen lachen.
„Mein Lieber! Heute ist doch Sonntag. Heute musst du nicht spielen. Auch ein Trompeter hat mal Wochenende!", ruft der Pastor.

So sagt man in Hamburg

ahn	ohne
allns	alles
dat	das
dor	dort
een	ein
Ehr'n Popperen, bede!	Ihre Papiere, bitte!
et givt	es gibt
he	er
ick bruk	ich brauche
ick hev sacht	ich habe gesagt
int Water	im Wasser
keenen	keinen
Se könn	Sie können
laten	lassen
Mannslüd	Männer
min Kolleeg	mein Kollege
Moin!	Guten Tag!
nich	nicht
nix to maken	nichts zu machen (nicht möglich)
Nu ma sutje!	Nun mal langsam!
ook	auch
op'm	auf dem
Schöndank	vielen Dank
seggen	sagen
snacken Se	sprechen Sie

sünd ringeloopt	sind hineingelaufen
twee	zwei
der Uhl	der Polizist, der Nachtwächter
un	und
vertellen	erzählen, Bescheid sagen
wat	was
wedder	wieder
weeten Se	wissen Sie
Dat wet ick ook nich.	Das weiß ich auch nicht.
wi mut teuvn	wir müssen warten

Eigene Notizen

Das gibt es bei uns!

① **Rezept Labskaus**

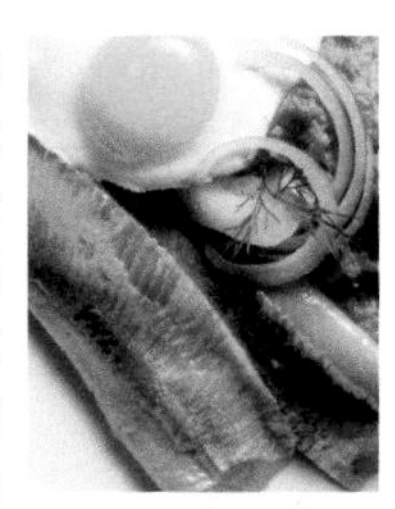

„Labskaus" ist ein ganz typisches norddeutsches Gericht, das es schon seit dem 17. Jahrhundert gibt. Es wurde viel auf Seefahrten gegessen. Der Schiffskoch konnte früher nur Nahrungsmittel mitnehmen, die nicht so schnell schlecht wurden. Das waren z.B. Pökelfleisch, eingelegte Heringe, Kartoffeln und Salzgurken. Aus diesen Zutaten wird bis heute „Labskaus" gemacht. Der Name „Labskaus" heißt übersetzt „Essen für derbe Männer".

Zutaten für vier Personen:

800 g gepökeltes Rindfleisch
750 g gekochte Kartoffeln
4 Zwiebeln, geschält
4 Gewürzgurken
1 Glas Rote Beete
2 Matjesfilets
4 Eier

Zubereitung:

1. Rindfleisch in 0,5 l Wasser aufkochen und bei geringer Hitze garen lassen
2. Gekochtes Fleisch mit Roter Beete, Matjesfilets, Gurken und Zwiebeln durch einen Fleischwolf drehen
3. Kartoffeln durchpressen
4. Fleischmischung unter die Kartoffeln geben, etwas Fleischbrühe dazugeben
5. Eventuell mit Salz und Pfeffer würzen
6. Eier als Spiegeleier braten und mit dem Labskaus anrichten

Guten Appetit!

② **Tee oder Kaffee?**
Im Museum in der *Speicherstadt* kann man sich darüber informieren und probieren.
www.speicherstadtmuseum.de

③ **Dort gibt es nicht nur Fische!**
www.hamburg-magazin.de/st_hamburger-fischmarkt.htm
www.pro-wohnen.de/sehenswuerdigkeiten-hamburg-Hamburger-Fischmarkt.htm

Fragen und Aufgaben zu den einzelnen Kapiteln

Kapitel 1

1 Was ist richtig? Kreuzen Sie an.

1. Wo arbeitet Klaas Hansen?
   A im *Hamburger Hafen* ☐
   B auf dem *Michel* ☐
   C auf einem Schiff ☐

2. Wie ist das Wetter in Hamburg?
   A Es regnet. ☐
   B Die Sonne scheint. ☐
   C Es ist bewölkt. ☐

3. Wann spielt Klaas Hansen immer auf dem *Michelturm* auf seiner Trompete?
   A fast jeden Tag um 10 Uhr ☐
   B fast jeden Tag um 10 Uhr und um 21 Uhr ☐
   C nur jeden Samstag um 10 Uhr ☐

2 Was macht Klaas Hansen? Wie ist die richtige Reihenfolge?

☐ die Trompete auspacken
☐ die Fenster schließen
1 die Stufen nach oben gehen
☐ Wasser, Schiffe und viele Leute sehen
☐ die Fenster öffnen
☐ auf dem Turm ankommen
☐ Lieder spielen
☐ die Treppe hinuntergehen

Kapitel 2

1 Was passt? Kreuzen Sie an.

1. Was ist das Thema des Kapitels?
   A Klaas Hansen ist verschwunden. ☐
   B Klaas Hansen und Nele Lühders hatten Streit. ☐
   C Pastor Dirkheide und Nele Lühders verstehen sich nicht. ☐

2. Welche zwei Personen handeln in diesem Kapitel?
   A der Turmbläser Klaas Hansen ☐
   B Pastor Dirkheide ☐
   C Nele Lühders, die Freundin von Klaas Hansen ☐

3. An welchem Ort spielt das Kapitel?
   A bei Pastor Dirkheide zu Hause ☐
   B im Büro des Pastors Dirkheide im *Michel* ☐
   C im Büro von Nele Lühders ☐

2 Richtig (r) oder falsch (f)? Kreuzen Sie an.

	r	f
1. Pastor Dirkheide muss noch seine Predigt schreiben.	☐	☐
2. Pastor Dirkheide weiß, wo Klaas ist.	☐	☐
3. Pastor Dirkheide mag Nele nicht.	☐	☐
4. Nele und der Pastor machen sich Sorgen um Klaas.	☐	☐
5. Klaas isst normalerweise zu Mittag bei Nele im ‚Goldenen Anker'.	☐	☐
6. Das Lieblingsgericht von Klaas ist Aalsuppe.	☐	☐
7. Nele und Klaas hatten Streit.	☐	☐
8. Klaas hat den Pastor angerufen.	☐	☐

3 Was ist mit Klaas passiert? Was denken Nele und Pastor Dirkheide?

1. ______________________________

2. ______________________________

3. ______________________________

4. ______________________________

Kapitel 3

1 Ergänzen Sie den Text.

Im dritten Kapitel kommt ______________ zum Büro des Pastors. Sie ist Journalistin und macht eine ______________ über den *Michel.* Sie sieht die besorgten Gesichter von Pastor Dirkheide und von Nele Lühders und fragt die beiden: „Was ist denn ______________?" Nele und der Pastor sagen ihr, dass Klaas ______________ ist. Birgit findet es ______________, weil sie Klaas kurz vorher gesehen hat. Sie erzählt, dass ein ______________ bei ihm war, ein Typ ganz in Schwarz. Da weiß Nele, dass es ihr ______________ Ole Wilken ist. Nele hat Angst, dass Ole Klaas ______________. Nele, der Pastor und Birgit wollen Klaas ______________. Plötzlich ______________ das Handy von Birgit Brandt. Sie muss zum *Container Terminal Altenwerder*. Dort hat es ______________ gegeben. Nele ist sehr aufgeregt.

verschwunden • suchen • Birgit Brandt • Mann • umbringt Alarm • Reportage • komisch • Exfreund • klingelt • los

2 Der Dialog ist durcheinander. Wie ist die richtige Reihenfolge?

☐ „Oh …, Frau Brandt. Bitte kommen Sie herein. Ich habe unser Gespräch heute ganz vergessen, tut mir leid."
☐ „Hallo, Frau Brandt! Ich habe schon von Ihnen und der Reportage gehört. Klaas hat mir davon erzählt."
☐ „Frau Brandt, das ist Frau Lühders. Frau Lühders, das ist Birgit Brandt vom NDR. Sie macht eine Reportage über den *Michel* und seinen Trompeter."
1 „Entschuldigen Sie bitte, Pastor Dirkheide. Ich bin zu spät."
☐ „Kein Problem! Oh, Sie sind nicht allein!"
☐ „Ich habe auch von Ihnen gehört."

3 Was wissen Sie über Neles Exfreund? Kreuzen Sie an.

1. Er trägt schwarze Kleidung. ☐
2. Er hat eine Tasche bei sich. ☐
3. Er trägt schwarze Schuhe. ☐
4. Er trägt einen Hut. ☐
5. Er trägt seine Sonnenbrille auch im Dunkeln. ☐
6. Er hat blonde Haare. ☐
7. Er ist sehr klein und dick. ☐
8. Er hat einen Bart. ☐
9. Er hat ein Tattoo im Gesicht. ☐

Kapitel 4

1 Was passt? Kreuzen Sie an.

1. Was ist das Thema des Kapitels?
   A Ole Wilken will Klaas Hansen umbringen. ☐
   B Nele Lühders und Pastor Dirkheide suchen Klaas. ☐
   C Eine schöne Fahrt durch Hamburg ☐

2. Welche zwei Personen handeln in diesem Kapitel?
   A der Turmbläser Klaas Hansen ☐
   B Nele Lühders, die Freundin von Klaas Hansen ☐
   C Ole Wilken, der Exfreund von Nele ☐

3. An welchem Ort spielt das Kapitel nicht?
   A auf einer Brücke ☐
   B in der Kneipe ‚Goldener Anker' ☐
   C im *Container Terminal Altenwerder* ☐

2 Notieren Sie.

Ole Wilken und Klaas Hansen sind an vielen Orten. Wie ist die richtige Reihenfolge (siehe auch Seite 6)?

1 *die Landungsbrücken am Hafen*

2 ____________________

3 ____________________

4 ____________________

5 ____________________

6 ____________________

7 ____________________

8 ____________________

der *Freihafen* mit den Schiffen, Maschinen und Kränen • die neue *Elbbrücke* • die *Köhlbrandbrücke* und darunter die *Elbe* • die *Deichstraße* mit den Bürgerhäusern • ~~die Landungsbrücken am Hafen~~ • die *Veddel* • der *Heidenkampsweg* mit den Bürohäusern • der *Container Terminal Altenwerder*

3 Welche Gegenstände kommen nicht in dem Kapitel vor? Streichen Sie durch.

Trompete – Auto – Flugzeug – Fessel – Messer – Gabel – Kran – Schiff – Brücke – Stuhl – Geländer – Kante – Predigt – Kirche – Container – Handy – Treppe – Zaun

Kapitel 5

1 Wie ist die richtige Reihenfolge?

- [ ] Nele und Ole streiten sich.
- [ ] Birgit geht auf das Gelände.
- [ ] Nele und der Pastor fesseln Ole und tragen ihn zum Eingang.
- [ ] Nele und der Pastor treffen Ole draußen vor dem Terminal.
- [ ] Nele und der Pastor kommen auf das Terminalgelände.
- [1] Birgit, Nele und der Pastor kommen am *Container Terminal Altenwerder* an.
- [ ] Nele und der Pastor dürfen nicht auf das Gelände und machen einen Spaziergang.
- [ ] Nele und der Pastor treffen Birgit, und sie suchen zusammen am Wasser nach Klaas.

2 Finden Sie die richtige Antwort.

1. Warum kommen Nele und der Pastor nicht auf das Terminalgelände?

___

2. Wer ist der Schatten, den Nele und der Pastor sehen?

___

3. Warum schafft es Nele ohne Probleme, Ole einen kräftigen Tritt zu geben?

___

4. Was denkt Nele, wo Klaas ist?

___

5. Wie kommen Nele und der Pastor doch auf das Terminalgelände?

___

3 Welche zehn Wörter kommen im Kapitel 5 vor?
Suchen Sie waagerecht und senkrecht.

B	U	G	O	X	Q	U	M	I	L	C	S	W	R	E	V
C	H	I	K	Ä	L	T	A	U	C	H	E	R	I	U	Ü
F	C	K	J	T	E	R	M	I	N	A	L	A	B	Ö	W
U	O	B	Z	U	G	O	F	L	A	N	G	H	A	F	A
N	N	Z	A	K	L	O	P	O	L	I	Z	I	S	T	S
L	T	U	U	T	Ä	T	O	W	A	L	V	U	Z	P	S
D	A	U	N	I	F	O	R	M	R	B	Y	Ö	I	F	E
Ö	I	W	E	F	G	U	N	M	M	K	L	E	I	B	R
D	N	U	V	E	R	B	O	G	E	L	Ä	N	D	E	Z
I	E	T	R	A	K	L	S	I	M	A	N	U	K	L	G
L	R	I	F	U	N	K	G	E	R	Ä	T	U	T	Z	I

Kapitel 6

1 Richtig (r) oder falsch (f)? Kreuzen Sie an.

	r	f
1. Klaas wacht auf und alles ist dunkel.	☐	☐
2. Es geht Klaas gut.	☐	☐
3. Klaas erinnert sich langsam, was passiert ist.	☐	☐
4. Er ist in einer Kiste gefangen.	☐	☐
5. Es riecht gut dort.	☐	☐
6. Klaas hat leider nicht seine dicke Jacke angezogen.	☐	☐

2 Wie heißt das Gegenteil? Finden Sie die passenden Wörter im Text.

1. zumachen ______________________

2. hell ______________________

3. heiß ______________________

4. schnell ______________________

5. nach rechts ______________________

6. leise ______________________

7. jemand ______________________

8. flüstern ______________________

9. dünn ______________________

10. ausziehen ______________________

3 Was passt zusammen? Verbinden Sie.

① die Augen	Ⓐ riechen
② nach links	Ⓑ denken
③ nach Fisch	Ⓒ gehen
④ gegen die Wand	Ⓓ haben
⑤ an die weite Welt	Ⓔ aufmachen
⑥ Streit	Ⓕ klopfen

1 Wer sagt das? Nele (N) oder der Pastor (P)? Kreuzen Sie an.

		N	P
1.	„Sagen Sie, was hat Ole denn genau gesagt?“	☐	☐
2.	„Hm … Klaas ist bei den Fischen.“	☐	☐
3.	„Sie meinen, er ist nicht im Wasser? Und er lebt vielleicht noch?“	☐	☐
4.	„Ganz klar. Er ist einem Container. In einem Container mit … Fischen.“	☐	☐
5.	„Mist! Warum gibt es eigentlich diese Handys. Sie sind immer leer oder niemand geht ran.“	☐	☐
6.	„Schnell, … Ich weiß, wie wir Klaas finden können.“	☐	☐
7.	„Ist das vielleicht Chinesisch?“	☐	☐
8.	„Nein, …, aber hier ist ein Symbol für einen Kühlschrank und das ist international.“	☐	☐

2 Finden Sie die richtige Antwort.

1. Wo verstecken sich Nele und der Pastor?

___

2. Was meint der Pastor, wo Klaas ist?

___

3. Wen versucht der Pastor auf seinem Handy zu erreichen?

___

4. Wie sieht das Symbol für einen Kühlschrank aus?

___

Kapitel 8

1 Was macht Klaas Hansen? Wie ist die richtige Reihenfolge?

- ☐ aufstehen wollen
- ☐ müde sein
- ☐ zurückfallen
- ☐ wach bleiben
- 1 frieren
- ☐ nicht schlafen
- ☐ nicht schaffen
- ☐ liegen bleiben

Kapitel 9

1 Antworten Sie.

1. Welche Personen kommen in dem Kapitel vor?

___

2. Mit wem kommt Birgit zu Nele und dem Pastor?

___

3. Warum geht es um Leben und Tod?

___

4. Was hat der Polizist bei sich?

___

5. Woran sieht Nele, in welchem Container Klaas ist?

___

1 Was ist richtig? Kreuzen Sie an.

1. Klaas bekommt ☐ seine Trompete ☐ seine Tabletten.
2. Die Trompete ist ☐ wie neu ☐ ein bisschen kaputt.
3. Klaas ist ☐ im Krankenhaus ☐ zu Hause.
4. Klaas ☐ hat Schmerzen ☐ geht es sehr gut.
5. Ole ist ☐ auch im Krankenhaus ☐ im Gefängnis.
6. Nele und der Pastor ☐ sind Freunde geworden ☐ mögen sich nicht.
7. Plötzlich will Klaas ☐ etwas essen ☐ zum *Michel*.
8. Am Sonntag muss Klaas ☐ Trompete spielen ☐ nicht Trompete spielen.

Fragen und Aufgaben zum gesamten Text

1 Sie kennen nun alle Personen. Was passt zu wem?
Einmal passt es auch zu zwei Personen.

1. Er ist zuverlässig und pünktlich. ____________________

2. Er hat ein Messer. ____________________

3. Sie ist oft nervös und aufgeregt. ____________________

4. Er liebt seine Freundin. ____________________

5. Sie ist viel unterwegs und muss viel arbeiten. ____________________

6. Er spielt Trompete. ____________________

7. Er trägt eine Sonnenbrille, auch wenn es dunkel ist. ____________________

8. Er/Sie hat Angst um Klaas. ____________________

9. Er ist ein guter Freund von Klaas. ____________________

10. Er liebt Trompetenmusik. ____________________

11. Sie arbeitet für das Fernsehen. ____________________

12. Er arbeitet in einer Kirche. ____________________

13. Er arbeitet im Hamburger Hafen. ____________________

14. Er muss fast jeden Tag zweimal auf einen Turm steigen. ____________________

15. Sie hat einen Kurs in Selbstverteidigung gemacht. ____________________

16. Sie hilft bei der Suche nach Klaas. ____________________

17. Er hat Klaas entführt. ____________________

2 Sie kennen nun die ganze Geschichte.
Wie ist die richtige Reihenfolge?

Die Lösung ergibt ein anderes Wort für „Kidnapping".

N
Nele und der Pastor kommen auf die Idee, in einem Kühlcontainer nach Klaas zu suchen. Mithilfe eines Polizisten öffnen sie die Türen.

E
Klaas spielt wie fast jeden Tag Trompete auf dem Turm des *Michels*.

N
Die Musik der Trompete bleibt aus. Pastor Henrik Dirkheide macht sich Sorgen.

G
Sie finden Klaas und bringen ihn ins Krankenhaus.

T
Nele Lühders kommt zum Pastor. Später folgt Birgit Brandt, die Journalistin. Zusammen mit dem Pastor wollen sie Klaas suchen.

Ü
Nele und der Pastor dürfen nicht auf das Gelände des *Container Terminals*. Birgit Brandt sucht allein nach Klaas. Nele und der Pastor machen einen Spaziergang und treffen dabei auf Ole Wilken.

R
Nele und der Pastor kommen durch ein Loch im Zaun auf das Gelände des *Container Terminals* und treffen dort Birgit Brandt.

F

Nele, der Pastor und Birgit Brandt fahren zum *Container Terminal Altenwerder*. Dort gibt es Alarm. Sie denken, dort muss Klaas sein.

U

Nele, der Pastor und Birgit Brandt suchen am Wasser nach Klaas. Aber sie finden ihn dort nicht. Sie haben einen Fehler gemacht.

H

Nele gibt Ole einen kräftigen Tritt und er fällt um. Nele und der Pastor tragen ihn zum Eingang des *Container Terminals*.

1.	2.	3.	4.	5.	6.	7.	8.	9.	10.
E	☐	☐	☐	☐	☐	☐	☐	☐	☐

3 Welche Wörter passen zum ‚Hafen' und welche Wörter passen zum ‚Michel'? Ordnen Sie zu.

der Kran • der Turm • die Predigt • das Wasser • die Schiffe die Brücke • der Zoll • das Lied • das Büro • das Wahrzeichen die Promenade • die Landungsbrücken • der Container das Terminal • der Trompeter

Hamburger Hafen	*St. Michaeliskirche (Michel)*
__________	__________
__________	__________
__________	__________
__________	__________
__________	__________

Lösungen

Fragen und Aufgaben zu den einzelnen Kapiteln

Kapitel 1

1 1. B, 2. C, 3. B

2 4, 7, 1, 3, 5, 2, 6, 8

Kapitel 2

1 1. A; 2. B, C; 3. B

2 1. r, 2. f, 3. r, 4. r, 5. f, 6. f, 7. r, 8. f

3 1. Klaas hat sich mit Nele gestritten und kommt deshalb nicht.
2. Klaas hatte einen Unfall.
3. Klaas hat einen wichtigen Termin.
4. In der Familie von Klaas ist jemand krank.

Kapitel 3

1 Birgit Brandt, Reportage, los, verschwunden, komisch, Mann, Exfreund, umbringt, suchen, klingelt, Alarm

2 2, 5, 4, 1, 3, 6

3 1., 3., 5., 6., 8., 9.

Kapitel 4

1 1. A; 2. A, C; 3. B

2 2 die Deichstraße mit den Bürgerhäusern; 3 der Heidenkampsweg mit den Bürohäusern; 4 die neue Elbbrücke; 5 die Veddel; 6 der Freihafen mit den Schiffen, Maschinen und Kränen; 7 die Köhlbrandbrücke und darunter die Elbe; 8 der Container Terminal Altenwerder

3 Flugzeug, Gabel, Stuhl, Predigt, Handy, Treppe

Kapitel 5

1 5, 2, 6, 4, 7, 1, 3, 8

2 1. Sie hatten kein Dokument/keinen Ausweis.
2. Der Schatten ist Ole Wilken.
3. Sie hat einen Kurs zur Selbstverteidigung gemacht.
4. Sie denkt, er ist im Wasser.
5. Sie gehen durch das Loch im Zaun.

3 **waagerecht:** Taucher, Terminal, Polizist, Uniform, Gelände, Funkgerät
senkrecht: Container, Zaun, Alarm, Wasser

Kapitel 6

1 1. r, 2. f, 3. r, 4. f, 5. f, 6. r

2 1. aufmachen, 2. dunkel, 3. kalt, 4. langsam, 5. nach links,
6. laut, 7. niemand, 8. schreien, 9. dick, 10. anziehen

3 1 E, 2 C, 3 A, 4 F, 5 B, 6 D

Kapitel 7

1 1. P, 2. N, 3. N, 4. P, 5. P, 6. N, 7. P, 8. N

2 1. Sie verstecken sich zwischen zwei Containern.
2. Er meint, er ist in einem Container mit Fischen.
3. Er versucht Birgit Brandt zu erreichen.
4. Es ist ein blauer Stern.

Kapitel 8

1 5, 2, 7, 4, 1, 3, 6, 8

Kapitel 9

1 1. Birgit, Nele, der Pastor, ein Polizist
2. Sie kommt mit einem Polizisten.
3. Sie haben Angst, dass Klaas in dem Kühlcontainer erfriert.
4. Er hat ein Werkzeug und eine Taschenlampe bei sich.
5. Die Plombe ist kaputt.

Kapitel 10

1 1. seine Trompete, 2. ein bisschen kaputt, 3. im Krankenhaus, 4. hat Schmerzen,
5. im Gefängnis, 6. sind Freunde geworden, 7. zum Michel, 8. nicht Trompete spielen

Fragen und Aufgaben zum gesamten Text

1 1.Klaas Hansen; 2. Ole Wilken; 3. Nele Lühders; 4. Klaas Hansen; 5. Birgit Brandt; 6. Klaas Hansen; 7. Ole Wilken; 8. Henrik Dirkheide, Nele Lühders; 9. Henrik Dirkheide; 10. Henrik Dirkheide; 11. Birgit Brandt; 12. Henrik Dirkheide; 13. Ole Wilken; 14. Klaas Hansen; 15. Nele Lühders; 16. Birgit Brandt; 17. Ole Wilken

2

1.	2.	3.	4.	5.	6.	7.	8.	9.	10.
E	N	T	F	Ü	H	R	U	N	G

3 Hamburger Hafen

der Kran, das Wasser, die Schiffe, die Brücke, der Zoll, die Promenade, die Landungsbrücken, der Container, das Terminal

St. Michaeliskirche (Michel)

der Turm, die Predigt, das Lied, das Büro, das Wahrzeichen, der Trompeter

Bildquellen

Umschlag: MEV, Augsburg; Seite 8: Fotolia LLC (Janssen), New York; Seite 13: StockFood, München; Seite 16: Alamy Images RM (Bildagentur Hamburg), Abingdon, Oxon; Seite 19: Alamy Images RM (imagebroker), Abingdon, Oxon; Seite 22: Alamy Images RF (RF / pm), Abingdon, Oxon; Seite 25: iStockphoto (Mautsch), Calgary, Alberta; Seite 34: iStockphoto (RF / diego cervo), Calgary, Alberta; Seite 42: StockFood, München; Seite 43.1: Das Fotoarchiv (Knut Mueller), Essen; Seite 43.2: Bildagentur Hamburg, Hamburg; Seite 48: Alamy Images RM (imagebroker), Abingdon, Oxon; Seite 53: iStockphoto (RF / diego cervo), Calgary, Alberta; Seite 58.1: iStockphoto (Mautsch), Calgary, Alberta; Seite 58.2: Fotolia LLC (Janssen), New York;